DISCOURS

PRONONCÉ AUX OBSÈQUES

DU

R. P. BARBELIN

Directeur de l'École Apostolique de Littlehampton

à MONTHIÈRES-LES-AMIENS

Le 2 Novembre 1889

Par M. C. PAILLART

Président de l'Association des Anciens Élèves de la Providence

———

ABBEVILLE

IMPRIMERIE C. PAILLART

—

1889

DISCOURS

PRONONCÉ AUX OBSÈQUES

DU

R. P. BARBELIN

Directeur de l'École Apostolique de Littlehampton

À MONTHIÈRES-LÈS-AMIENS

Le 2 Novembre 1889

Par M. C. PAILLART

Président de l'Association des Anciens Élèves de la Providence

ABBEVILLE

IMPRIMERIE C. PAILLART

—

1889

DISCOURS

PRONONCÉ AUX OBSÈQUES

Du R. P. BARBELIN

Directeur de l'Ecole Apostolique de Littlehampton

Celui que chacun de nous a tant aimé vient de nous quitter : le Ciel s'est entr'ouvert, une âme s'y est envolée, le Père BARBELIN n'est plus !

Exilé de la France, il était venu demander à sa patrie quelques jours de repos ; Dieu a voulu donner à l'exilé de la terre le repos et la patrie du Ciel.

Comme le soldat qui meurt enseveli dans son drapeau, le Père BARBELIN n'avait quitté son champ de bataille qu'après s'y être dépensé tout entier. La maladie, pendant de longues années vaincue par son courage, reprit alors ses droits trop long-temps méconnus, et, dès le premier jour, elle le terrassa. Le malade se coucha rési-gné, et la mort vint à grands pas, envelop-pant rapidement cette couche d'où partaient seuls des prières et des souvenirs pour les chers absents ; un mieux trompeur survint, il disparut bientôt, et la mort brusquant le retour de toutes les espérances, le saisit en quelques heures, l'endormant du dernier sommeil, dans le baiser du Seigneur!

Cinquante ans de travaux avaient épuisé les forces du vaillant soldat de l'Eglise et de la Compagnie de Jésus. Par une grâce dont lui-même célébrait avec reconnais-sance et la douceur et le bienfait, il est revenu mourir au milieu de ses frères d'armes, à côté de ceux dont le dévoue-ment avait, durant tant d'années, encou-ragé et secondé le sien. Il est revenu mourir dans cette maison qui vit ses premiers combats, qui salua ses premiers efforts et qui fut le berceau de son apostolat, dans ce cher Collége de la Providence, que nous ne pouvons nous-mêmes revoir sans un sourire, que nous ne quittons jamais sans un regret, où il prit d'abord notre jeunesse pour la donner à Dieu, puis notre adolescence et notre âge mûr pour les garder à Dieu ; où, nouveau Xavier, non content de ce zèle qui réchauffait tous les cœurs autour de lui, il conçut le projet de gagner à Dieu les infidèles en envoyant partout des apôtres du Christ.

Entré jeune encore à la Providence comme Préfet de Discipline, dans ces fonctions difficiles dont la sévérité obligée semblait cadrer mal avec sa bonté, le Père BARBELIN sut, par sa justice et sa bienveillance, se concilier des affections dévouées, restées depuis toujours fidèles, malgré le temps et malgré la distance. — Bientôt il fut chargé de préparer les enfants à la première communion.

Ceux d'entre vous, Messieurs, qu'il a

disposés à cette grande action pourraient seuls nous dire avec quel art infini il savait ouvrir aux rayons de la grâce ces jeunes cœurs à peine épanouis, avec quelle science divine il gagnait leur confiance pour les éclairer sur eux-mêmes, pour les élever plus haut que la terre, pour les attacher dès lors au devoir et à la vertu ; seuls ils pourraient nous dire de quels soins paternels il entourait ces enfants, comme il aimait ensuite à les suivre, à les ramener s'ils s'oubliaient, à les encourager s'ils persévéraient. Combien lui ont dû, avec l'inappréciable bienfait d'une bonne première communion, la fermeté d'une jeunesse chaste et la persévérance d'une vie chrétienne.

Mais ce n'était pas assez pour le Père BARBELIN d'avoir donné à Dieu des cœurs bien préparés, il voulait lui garder des âmes vaillantes, et, pour y parvenir, il fonda la Congrégation des Anciens Élèves. L'ami des jeunes gens trouvait là pour son

zèle un champ plus vaste encore, il pouvait
y former des cœurs plus généreux pour
l'effort et plus virils pour le sacrifice. —
C'est à lui aussi, en grande partie du
moins, que nous devons l'Œuvre des Re-
traites qui, chaque année, ramènent à
Monthières un si grand nombre d'entre
nous. Il en fut l'inspirateur et longtemps
il en resta le guide, comme il était demeuré
le conseil, le soutien, l'ami de tant de
jeunes hommes formés d'abord par lui au
courage et au devoir, et qui sont aujour-
d'hui encore la gloire et l'honneur de notre
génération et de votre cité !

C'est lui qui encouragea à ses débuts
l'Association des Anciens Elèves ; long-
temps il l'aida à croître, à se développer,
et quand l'arbre devenu grand put répandre
autour de lui les fruits abondants d'une charité fraternelle, il se faisait une joie de saluer
de loin les magnifiques résultats obtenus et
les bienfaits que l'amitié des plus heureux
met au service des déshérités de la vie.

Il n'en est guère parmi tous ceux dont les noms figurent sur ce livre d'or de la Providence qui n'aient reçu de vous, mon Père, un conseil, un encouragement, une consolation peut-être ; en leur nom, devant votre froide dépouille, qu'il me soit permis de vous en remercier ; que tout le bien fait par vous à tant d'enfants, à tant de jeunes gens, à tant de jeunes hommes, vous accompagne au Ciel, qu'il y soit un des rayons de votre couronne, qu'il dise à Dieu que les œuvres fondées, soutenues par vous, sont toujours vivantes, dans notre chère France, dans cette ville d'Amiens, dans ce Collége de la Providence où vous êtes venu mourir, dans cette maison de Monthières où vous nous avez si souvent relevés, encouragés et fortifiés pour la lutte, où nous continuerons à revenir, et où nous saluerons votre tombeau d'une prière de reconnaissance et d'une certitude d'immortalité !

J'ai essayé de dire un peu de ce que vous

avez fait pour nous, comment dirai-je ce
que vous avez fait pour Dieu? Apôtres qui
parcourez le monde, venez ici, prenez ma
place et parlez pour moi! Vous êtes deux
cents déjà, qui, formés à l'héroïsme par
celui que nous pleurons, avez quitté famille
et patrie, biens de la terre, espérances d'ici-
bas, pour gagner des âmes à Jésus-Christ.
Apportez sur ce cercueil votre glorieuse
moisson; mettez-y ces vertus qu'il sut vous
enseigner par ses conseils, cet oubli de
vous-mêmes dans l'effort, cette générosité
dans le sacrifice qu'il vous apprit par son
exemple bien plus encore que par ses
leçons; déposez sur ces restes inanimés la
couronne de vos travaux, le fruit de vos
sueurs et de vos fatigues. De l'Orient et de
l'Occident, des glaces du Nord aux montagnes embrasées de l'Asie, du centre
de l'Afrique aux rivages à peine explorés
où vous portez le nom de la France avec
le nom de Dieu, venez tous! Venez aussi,
vous qui faites encore votre veillée d'armes

dans cette École Apostolique qui rayonne aujourd'hui dans l'Église, venez ici avec vos frères saluer d'un dernier adieu celui qui vous éleva si haut que tous les fronts chrétiens s'inclinent devant vous pour saluer votre vaillance et rendre hommage à vos vertus!

Il est là, celui qui vous a tant aimés, vous êtes les enfants privilégiés de sa tendresse, les fils bénis de son apostolat. C'est lui qui fonda ici cet asile où vous avez appris le dévouement et le sacrifice, le savoir humain qui fait les hommes et la science de Dieu qui fait les saints; c'est lui qui appela sur vous pendant tant d'années les bénédictions du ciel et la charité de la terre ; c'est lui qui, contraint à l'exil, incertain du lendemain, mais sûr de Dieu et sûr de vous, plein de cette foi qui soulève les montagnes, a porté sur une terre hospitalière cette œuvre qui grandit encore au soleil de l'exil, comme une fleur bénie du jardinier divin !

Apôtres de l'Évangile, venus vers lui de la Suède, de la Norvège, de la Laponie, de l'Alsace et de tant de contrées diverses, redites-nous comment il forma vos âmes, comment il sut les enflammer de cet amour de Dieu qui inspire votre jeunesse sacerdotale et que les glaces de l'âge ne sauraient éteindre ; soldats, héros, parlez bien haut au scepticisme moderne de votre foi dans le Dieu des Martyrs ; à l'indifférence des uns racontez vos souffrances, à l'égoïsme des autres racontez votre apostolat ; que de cette tombe entr'ouverte nous vienne à tous enfin un dernier exemple d'héroïsme, un cri d'amour divin qui fasse taire toutes les voix humaines et continue après la mort les exemples de cette vie consacrée tout entière à la plus grande gloire de Dieu et au salut des âmes !

A Dieu, père bien-aimé, ami de notre jeunesse, guide toujours chéri de notre âge mûr, à Dieu ! Vos œuvres vous ont précédé là-haut, nos prières vous y suivront, que les

vôtres nous guident encore ; qu'elles rendent
à la France la liberté de Dieu, qu'elles
inspirent à nos cœurs les sentiments généreux, qu'elles fassent de nous tous des
vaillants et des forts. Nous aimons à vous
espérer entouré déjà comme d'une éblouis-
sante couronne, de ces âmes sauvées par
vous ou gagnées à Dieu par les vôtres, de
ces jeunes élus de la milice sainte que vous
formiez pour les batailles du Christ et qui
vous ont précédé dans la gloire. Vos amis
ne sauraient vous oublier, souvenez-vous
de nous dans la joie de la récompense, et
redites là-haut aux Apostoliques du Ciel ce
que vous disiez si souvent aux Apostoliques
de votre cher collège de S'-Joseph : « N'ou-
bliez pas mes fils, ô mes petits enfants ! »

www.ingramcontent.com/pod-product-compliance
Lightning Source LLC
LaVergne TN
LVHW010833180726
843502LV00009B/3544